**BOEKANALYSE**

# Kroniek van een aangekondigde dood
• • • • • • • • • • • • • • • •

## Gabriel García Márquez

# BOEKANALYSE

Geschreven door Natalia Torres Behar
Vertaald door Nikki Claes

## Kroniek van een aangekondigde dood

### GABRIEL GARCÍA MÁRQUEZ

# GABRIEL GARCÍA MÁRQUEZ

## COLOMBIAANSE ROMANSCHRIJVER, SCHRIJVER VAN KORTE VERHALEN, JOURNALIST EN SCENARIOSCHRIJVER

- **Geboren in Aracataca (Colombia) in 1927.**
- **Overleden in Mexico City in 2014.**
- **Literaire prijzen:**
  - Rómulo Gallegos-prijs, 1972 (voor *Honderd jaar eenzaamheid*)
  - Nobelprijs voor Literatuur, 1982
- **Opmerkelijke onderscheidingen:**
  - Eredoctoraat in de Letteren van Columbia University
- **Opmerkelijke werken:**
  - *No One Writes to the Colonel* (1961), novelle
  - *Honderd jaar eenzaamheid* (1967), roman
  - *Liefde in de tijd van cholera* (1985), roman

Gabriel García Márquez werd in 1927 geboren in het afgelegen, verarmde stadje Aracataca in het noorden van Colombia. Zijn belangrijkste literaire invloeden waren de Amerikaanse schrijver William Faulkner (1897-1962) en zijn grootouders en tantes van moederskant, bij wie hij opgroeide. Zijn grootvader, die had gevochten in de Duizenddaagse Oorlog (1899-1902), diende als link met de geschiedenis van zijn land, terwijl zijn grootmoeder hem leerde de werkelijkheid te bekijken door de lens van magie en bijgeloof.

García Márquez voldeed aan de wensen van zijn vader door rechten te studeren aan de Nationale Universiteit van Colombia, maar zijn ware passie was altijd schrijven. In 1950 gaf hij zijn rechtenstudie op en begon hij te werken als journalist. Zijn journalistiek werk vulde zijn literaire carrière aan, bracht hem in contact met andere schrijvers en journalisten, zoals de leden van de Barranquilla-groep (zo genoemd omdat ze elkaar ontmoetten in de gelijknamige Colombiaanse stad), en bracht hem ertoe een lange reis naar Parijs te maken, waar hij schrijvers ontmoette als Mario Vargas Llosa (Peruaanse schrijver en Nobelprijswinnaar, geboren in 1936) en Julio Cortázar (Argentijnse schrijver, 1914-1984). Vargas Llosa en Cortázar waren belangrijke leden van de Latijns-Amerikaanse Boom, een literaire beweging die in de jaren zestig opkwam en de wereld kennis liet maken met het werk van enkele van de meest opmerkelijke schrijvers van het continent.

García Márquez' bekendste roman, *Honderd jaar eenzaamheid*, verscheen in 1967, verkocht in één week 8000 exemplaren en katapulteerde hem naar wereldwijde bekendheid. In 1982 kreeg hij de Nobelprijs voor de Literatuur voor een literaire carrière die bijna 50 jaar omspande, van de novelle *Bladstorm* in 1955 tot zijn laatste werk *Herinneringen aan mijn melancholische hoeren* in 2004. Een lange periode van afnemende gezondheid begon in 1999, toen bij hem lymfeklierkanker werd geconstateerd. Hij overleed op 17 april 2014 in Mexico-Stad.

# KRONIEK VAN EEN AANGEKONDIGDE DOOD

## EEN MIX VAN JOURNALISTIEK EN LITERATUUR

- **Genre:** pseudo-journalistieke novelle

- **Referentie-uitgave:** García Márquez, G. (2014) *Kroniek van een aangekondigde dood*. Trans. Rabassa, G. Londen: Penguin.

- **1e druk:** 1981

- **Thema's:** lot, tragedie, eer, wraak, geweld, waarheid

Zoals de titel al aangeeft, wordt het einde van de novelle *Kroniek van een aangekondigde dood al* op de eerste bladzijde onthuld. De lezer komt meteen te weten dat de hoofdpersoon, Santiago Nasar, zal worden vermoord door Pablo en Pedro Vicario in een poging de eer van hun zus Ángela te verdedigen, die de dag ervoor is getrouwd met de mysterieuze Bayardo San Román, een nieuwkomer in de stad, maar niet van hem houdt. Op hun huwelijksnacht verneemt Bayardo echter dat Ángela geen maagd is en stuurt haar naar huis, waar ze onder druk van haar moeder toegeeft dat ze haar maagdelijkheid heeft verloren aan Santiago Nasar. Haar broers Pablo en Pedro voelen zich dan verplicht de eer van de familie te verdedigen en besluiten Santiago te vermoorden.

Vrijwel alle inwoners van het stadje weten dat de twee broers Santiago zoeken om hem te vermoorden, maar iedereen heeft zo zijn redenen om hem niet te waarschuwen, en na een reeks toevalligheden wordt hij voor zijn huis doodgestoken. Jaren later onderzoekt de verteller de gebeurtenissen van die noodlottige dag in een poging te achterhalen hoe de tragedie precies tot stand is gekomen.

# SAMENVATTING

De ik-verteller van *Kroniek van een aangekondigde dood* is een vriend van Santiago Nasar die het op zich heeft genomen de stukjes van zijn verhaal in elkaar te passen. Jaren na de moord op zijn vriend besluit hij terug te keren naar de stad om te onderzoeken wat er is gebeurd door met getuigen te spreken, rapporten, brieven en verslagen te lezen en de gebeurtenissen van die tragische dag in februari te reconstrueren. De novelle bestaat uit een aantal samenhangende delen: de gebeurtenissen van de dag van de moord, het verslag van de rechter met getuigenverklaringen van enkele dagen na de moord, de interviews van de verteller met getuigen en betrokkenen meer dan twintig jaar later, en de kroniek die hij schrijft. Het is een polyfone tekst, met meerdere stemmen en perspectieven die elkaar vaak tegenspreken terwijl de verteller probeert de informatie te verzamelen die hij nodig heeft om de gebeurtenissen van de dag van de moord te reconstrueren.

## DE NACHT VOOR DE MOORD

Santiago Nasar is 21 jaar oud en woont in een niet nader genoemde stad aan de Colombiaanse kust. Hij runt de boerderij van zijn familie en, zoals de meeste mannen van zijn leeftijd, brengt hij zijn vrije tijd door met uitgaan met zijn vrienden, zwaar drinken, naar feestjes gaan, vrouwen ontmoeten en af en toe prostituees bezoeken. Hij is verloofd met zijn vaste vriendin Flora Miguel, maar is al lang verliefd op een andere vrouw.

De nacht voordat hij werd vermoord, bleef hij uit feesten tot 4 uur 's nachts met zijn vrienden, de verteller en Cristo Bedoya. Ze waren op de bruiloft van Ángela Vicario en Bayardo San Román, een enorm feest waarvoor iedereen in de stad was uitgenodigd. De verkering van het paar was kort en ze waren slechts vier maanden verloofd, omdat Bayardo snel wilde trouwen. De verteller zegt dat Bayardo geloofde dat je met geld geluk kunt kopen, en daarom gaf hij een groot feest om zijn bruiloft te vieren. Hij praat graag over geld, en is blij als Santiago en zijn vrienden de avond doorbrengen met speculeren over hoeveel de bruiloft had kunnen kosten.

Santiago staat de volgende ochtend om half zes moe en met een kater op en gaat net als iedereen in de stad naar de haven om de bisschop op te zoeken, die volgens de geruchten van plan is van zijn officiële boot te stappen om de gelovigen te begroeten en de zieken te zegenen. Hij heeft er geen idee van dat hij nog minder dan twee uur te leven heeft. Hij kleedt zich eleganter dan hij normaal zou doen voor een dag op de ranch, drinkt een kop sterke koffie en vertrekt, ongewoon voor hem, door de voordeur. Buiten zijn huis ontmoet hij Cristo Bodeya, en praat met hem over de gebeurtenissen van de avond ervoor en de kosten van de bruiloft. Margot, de zus van de verteller, nodigt hem uit om daarna met hen te ontbijten. Veel inwoners van het stadje weten dat de gebroeders Vicario hem zoeken om hem te vermoorden, maar ze zeggen niets als ze hem buiten zijn huis met zijn vrienden en kennissen zien kletsen met zijn gebruikelijke kalme, vrolijke houding, omdat ze ervan uitgaan dat iemand anders hem al heeft gewaarschuwd. Ondertussen groet en zegent de bisschop zoals gewoonlijk de gelovigen vanaf zijn boot, die niet eens stopt met bewegen.

## DE DAG VAN DE MOORD

Tijdens het huwelijksfeest trekken de jonggehuwden zich terug in het prachtige oude herenhuis dat Bayardo kocht van weduwnaar Xius. Het is het mooiste en best gelegen huis van de stad. Om 3 uur 's nachts smokkelt Bayardo Ángela echter terug naar het huis van haar familie, met de bewering dat het huwelijk nietig moet worden verklaard omdat ze geen maagd is. Als haar moeder dit hoort, wordt ze woedend en slaat Ángela, voordat ze haar twee broers, Pedro en Pablo, vertelt wat er is gebeurd. Zij vinden dat zij de eer van de familie moeten herstellen door Santiago Nasar te vermoorden.

Terwijl de broers op zoek gaan naar wapens om Santiago te doden, vertellen ze veel omstanders over hun plannen voordat ze in een winkel bij zijn huis gaan zitten wachten. Het wachten duurt lang, want Santiago verschijnt pas een paar uur later op zijn weg terug van een bezoek aan de bisschop. De broers steken hem voor zijn huis dood, zonder te proberen hun daden te verbergen voor de andere inwoners van de stad. Vervolgens worden ze gearresteerd en ondervraagd, terwijl de rest van de familie Vicario besluit naar een andere stad te vluchten.

## 27 JAAR LATER

De lezer verneemt over de moord op Santiago 27 jaar nadat deze plaatsvond, wanneer de verteller besluit terug te keren naar de stad om onderzoek te doen en getuigen te ondervragen om de gebeurtenissen van die dag te reconstrueren. Hij spreekt met zijn eigen moeder, de moeder van Santiago, de mensen die Santiago met Cristo Bedoya hebben zien lopen, de huishoudster van de familie en haar dochter, en Ángela Vicario, die na de moord de stad is ontvlucht en nog steeds niet is teruggekeerd.

Dit verklaart waarom het verhaal wordt beschreven als een "kroniek": de verteller hanteert een journalistieke aanpak en interviewt iedereen die weet van de moord, op zoek naar antwoorden op de vragen wie, hoe, waar en waarom, en registreert de verschillende versies van de getuigen van de gebeurtenis. Hij krijgt te horen dat het allemaal een reeks ongelukkige toevalligheden was, dat mensen Santiago hadden kunnen waarschuwen, maar dat niet hebben gedaan, dat hij moet hebben geweten wat er ging gebeuren, dat mensen niet anders hadden kunnen handelen, enzovoort. Dit koor van stemmen geeft ons een duidelijker inzicht in de gebeurtenissen van die dag, maar kan geen antwoord geven op de vraag die de kern van de moord vormt, namelijk of Santiago Ángela al dan niet heeft ontmaagd, aangezien iedereen in het dorp beweert dat de twee elkaar nauwelijks hadden gesproken en dat Santiago dacht dat ze traag was. Het enige wat echt zeker is, is dat Santiago Nasar dood is.

# KARAKTERSTUDIE

## SANTIAGO NASAR

Santiago Nasar is 21 jaar oud en is enig kind. Hij is vrolijk en vredelievend van aard, en lijkt altijd vrolijk. Qua uiterlijk is hij slank en bleek, en hij heeft enkele Arabische trekken geërfd van zijn vader Ibrahim, die drie jaar eerder is overleden. Ibrahim leerde hem schieten (hoewel niemand hem ooit wapens zag dragen in de stad), bracht hem een liefde voor paarden en een gevoel van moed en voorzichtigheid bij, en leerde hem Arabisch, de taal die de twee met elkaar spraken. Santiago nam de leiding over van The Divine Face, de vee-boerderij die hij van zijn vader erfde, vlak nadat hij de school had verlaten.

Hij wordt gemakkelijk verliefd en zou in december met zijn vaste vriendin trouwen, maar al zijn vrienden weten dat hij al sinds zijn tienerjaren verliefd is op María Alejandrina Cervantes, een plaatselijke prostituee die hij van zijn vader niet mocht zien. Ook grijpt hij elke gelegenheid aan om te flirten met Divina Flor, de dochter van de kokkin van de familie Nasar, Victoria Guzmán, die hem nooit heeft gemogen.

## PABLO EN PEDRO VICARIO

Pablo en Pedro zijn een 24-jarige eeneiige tweeling. Ze komen wat ongemanierd over, maar diep van binnen zijn het geen slechte mensen. Hoewel ze op elkaar lijken, hebben ze verschillende persoonlijkheden: Pablo, die zes minuten ouder is dan zijn broer, is al sinds hun tienerjaren vastberaden en creatief, terwijl Pedro een autoritaire inslag heeft die duidelijker is geworden nadat hij zijn militaire dienstplicht heeft vervuld. Hij is degene die beslist dat Santiago moet sterven, en zoals altijd volgt zijn broer zijn voorbeeld.

Ze fokken en doden varkens, en zijn van plan dezelfde messen te gebruiken om Santiago te doden. Ze voelen zich gedwongen hem te doden om de eer van hun familie te verdedigen, maar veel getuigen zeggen dat ze het niet leken te willen doen. Santiago had een goede reputatie, waardoor niemand geloofde dat ze de moord zouden doorzetten.

## ÁNGELA VICARIO

Ángela is een mooie jonge vrouw uit een arm gezin. Net als haar twee zussen is zij door haar moeder, Purísima del Carmen, opgevoed om een goede echtgenoot te vinden. Hoewel ze alles kan wat van een goede echtgenote wordt verwacht (naaien, borduren, wassen, strijken, koken, enzovoort), beweert de verteller dat haar "armoedige geest" het vinden van een goede partner in de weg kan staan. Santiago noemt haar zelfs "het mietje". De familie is dan ook dolblij als Bayardo San Román besluit met haar te trouwen en ziet het huwelijk als een geschenk van het lot, ook al heeft Ángela een hekel aan haar toekomstige echtgenoot en aan het feit dat hij veel ouder is dan zij. Als ze haar moeder vertelt dat ze niet met Bayardo wil trouwen omdat ze niet van hem houdt, vertelt Purísima haar dat liefde een van de vele dingen is die je kunt leren. Dit is echter niet het enige probleem dat het huwelijk in de weg staat: zoals Ángela al aan enkele van haar vrienden heeft verteld, is ze geen maagd. Ze verzekeren haar dat er manieren zijn om te doen alsof ze nog maagd is, zodat de bevlekte lakens de volgende ochtend getoond kunnen worden en de eer van de familie intact blijft.

De verteller is Ángela's nicht. Wanneer hij haar vele jaren na de moord opzoekt, is zij een vrouw van middelbare leeftijd met een goed gevoel voor humor die haar verleden niet langer probeert te verbergen, maar het heeft verwerkt en erover praat met iedereen die wil luisteren. Ze heeft echter nooit iemand verteld wie haar werkelijk ontmaagd heeft, want niemand gelooft dat het Santiago Nasar was. Na het einde van haar kortstondige huwelijk besefte ze dat ze wel degelijk van Bayardo San Román hield, en ze heeft 20 jaar lang brieven geschreven waarin ze hem smeekt haar terug te nemen.

## BAYARDO SAN ROMÁN

De 30-jarige Bayardo is de zoon van de beroemde conservatieve generaal Petronio San Román en een mulatvrouw uit Curaçao genaamd Alberta Simonds, en heeft twee zussen. Hij is een charmante, knappe man met een goed postuur, gouden ogen en een gebruinde huid, en is altijd modieus en opzichtig gekleed. Sommigen zien hem slechts als excentriek, anderen denken dat hij homo is. Niemand weet waarom hij naar de stad is gekomen, maar toen hij voor het eerst aankwam "gaf hij te verstaan" dat hij machinist was. Hij is zeer deskundig, weet hoe hij telegraaflijnen moet repareren, kan zieken genezen en is de beste zwemmer die de stad heeft gezien. Hij is miljonair en geeft luidruchtige, drukbezochte feesten waar de inwoners van de stad van genieten, en zelfs als hij gedronken heeft heeft hij niet de neiging om te vechten. Hij is integer, heeft een goed hart en is een christen, maar hij praat niet echt over zijn gedachten en gevoelens, en de verteller denkt dat hij diep van binnen ongelukkig is.

Na de moord vergeet iedereen hem een paar dagen. Hij wil niet gestoord worden en vraagt om alleen gelaten te worden in het herenhuis dat hij onlangs gekocht heeft. Hij heeft echter alcohol gebruikt om zijn verdriet te verdrinken en zijn moeder en zusters maken zich zorgen over hem, dus gaan ze hem zoeken. De stedelingen zien hem als het enige echte slachtoffer van de moord, omdat alle anderen slechts de rol speelden die ze geacht werden te spelen.

## PLÁCIDA LINERO

Zij is de moeder van Santiago en had een ongelukkig schijn-huwelijk met Ibrahim Nasar. Ze woont met haar zoon in een voormalig pakhuis dat door haar man tot huis is verbouwd, en ze sluit de deur altijd met tralies. Ze is niet snel van haar stuk te brengen, en blijft onbewogen als ze hoort dat de gebroeders Vicario van plan zijn haar zoon te vermoorden. Ze kan dromen interpreteren en kan het zichzelf niet vergeven dat ze de bomen die in Santiago's dromen verschenen niet als een slecht voorteken zag.

## CRISTÓBAL BEDOYA

Iedereen noemt hem Cristo. Hij is zeer goed bevriend met Santiago en de verteller, en de drie mannen gaan vaak samen iets drinken. Hij gelooft nog steeds dat als hij op de avond van de bruiloft bij zijn ouders in plaats van bij zijn grootouders had geslapen, hij van het plan om zijn vriend te vermoorden had gehoord en hem had kunnen waarschuwen. Later werd hij chirurg.

Hij bracht de ochtend van Santiago's moord met hem door, babbelend buiten zijn huis en grapjes makend op straat. Een paar minuten voor de aanslag hoort hij van een winkelier dat de broers van plan zijn Santiago te vermoorden, maar als hij zich omdraait om zijn vriend te waarschuwen, is deze nergens te bekennen. Cristo zoekt hem overal, gaat naar zijn huis en maakt zelfs zijn moeder wakker, maar tevergeefs. Dan besluit hij terug te gaan naar zijn eigen huis, waar Santiago had gezegd te zullen ontbijten. Ondertussen wordt zijn vriend vermoord.

## VICTORIA GUZMÁN EN DIVINA FLOR

Victoria Guzmán, de kokkin van de familie Nasar, was vroeger de minnares van Ibrahim en had een zoon met hem. Zij heeft een hekel aan Santiago en is voortdurend op haar hoede voor het geval hij haar mooie dochter Divina Flor, die aan het begin van haar tienerjaren staat, iets aandoet. Divina Flor weet dat er van haar verwacht wordt dat ze ooit met Santiago naar bed gaat, en als de verteller haar jaren later spreekt, zegt ze dat er geen andere man was zoals hij.

Geen van beide vrouwen geeft veel om Santiago's dood, en ook al wordt een bedelares gestuurd om hen te waarschuwen voor de plannen van de gebroeders Vicario, ze komen niet in actie.

## DON LÁZARO APONTE

Don Lázaro is een gepensioneerde kolonel en burgemeester van de stad. Wanneer hij hoort van de plannen van de broers, neemt hij hun messen in beslag en denkt dat hij zijn plicht heeft vervuld, maar ze slagen erin andere in handen te krijgen.

## CLOTILDE ARMENTA

Clotilde Armenta is eigenaar van de winkel bij Santiago's huis waar de broers Vicario wachten voordat ze hem vermoorden. Ze probeert hen ervan te overtuigen het niet te doen, of in ieder geval later, en roept de hulp in van anderen om te proberen de moord te stoppen. Ze gelooft dat de twee broers Santiago niet echt willen vermoorden, en wil dat iemand anders de verantwoordelijkheid op zich neemt om de aangetaste eer van de familie Vicario te wreken.

## DE VERTELLER

De verteller van het verhaal is bevriend met Santiago en Cristo, en gaat vaak met hen uit drinken. Zijn moeder is de peettante van Santiago. 27 jaar na de moord begrijpt hij nog steeds niet precies wat er is gebeurd, dus besluit hij terug te keren naar het stadje en iedereen te interviewen die getuige is geweest van de misdaad of ervan heeft gehoord om zijn kroniek te schrijven.

# DE ANDERE STEDELINGEN

Andere personages worden terloops genoemd, of waren getuige van de moord op Santiago en vertellen de verteller nu wat er is gebeurd. De inwoners van de stad lijken op het koor in Griekse tragedies, omdat ze waarschuwen voor wat er gaat gebeuren. Ze fungeren als een collectief geweten, zoals blijkt wanneer een verwarde Santiago probeert te vluchten voor zijn moordenaars, maar te midden van hun onduidelijke geschreeuw en waarschuwingen niets hoort.

# ANALYSE

## FORMULIER

### Genre

Zoals we in dit hoofdstuk zullen zien, is het genre van *Kroniek van een aangekondigde dood* opzettelijk moeilijk te classificeren.

### Een kroniek?

Het *Collins English Dictionary* definieert een kroniek als een "verslag of register van gebeurtenissen in chronologische volgorde". Aangezien de novelle gebaseerd is op ware gebeurtenissen die plaatsvonden in Sucre, Colombia, in de jaren vijftig en het verhaal van de moord op Santiago Nasar in volgorde probeert te vertellen, zou het met recht een kroniek genoemd kunnen worden. Bij nadere bestudering van deze bedrieglijk eenvoudige novelle blijkt de zaak echter ingewikkelder dan dat.

De verteller interviewt getuigen, haalt bronnen aan en bekijkt verslagen, zodat zijn werk lijkt op het onderzoek van een journalist. In tegenstelling tot een krantenverslag is de tekst echter meer dan een eenvoudig verslag van echte gebeurtenissen dat op een objectieve, emotieloze, aseptische manier wordt verteld. De personages zijn het zelfs niet eens over het weer op de ochtend dat Santiago werd vermoord: sommigen zeggen dat het miezerde, terwijl anderen ervan overtuigd zijn dat het zonnig was. Dit wijst erop dat de zaken misschien niet zo duidelijk zijn als de titel, die het boek beschrijft als een kroniek, ons wil doen geloven.

Naast het ontbreken van één eensluidend verhaal houdt de chronologie van de tekst zich niet aan journalistieke conventies. Er is geen duidelijk begin, midden en einde, aangezien de tijdlijn in de hele novelle door elkaar loopt. De verteller heeft een gedeeltelijke herinnering aan de gebeurtenissen, maar deze wordt vermengd met de verslagen van de dag zelf, de informatie in politierapporten en opmerkingen van getuigen 27 jaar na de gebeurtenissen. Het verhaal wordt niet in chronologische volgorde verteld, want er zijn sprongen vooruit en achteruit en veelvuldige herhalingen. Bovendien beslaan de vertelde gebeurtenissen slechts anderhalf uur, van 5.30 uur, wanneer Santiago wakker wordt, tot 7.00 uur, wanneer hij wordt vermoord. Zoals we later zullen zien, is de tekst cirkelvormig, wat betekent dat het strikt genomen geen kroniek is, maar een novelle die de kroniekvorm gebruikt om zijn verhaal te vertellen.

 ## DE INSPIRATIE ACHTER HET VERHAAL

*Kroniek van een aangekondigde dood* is gebaseerd op ware gebeurtenissen die plaatsvonden in 1951. García Márquez heeft het altijd beschreven als zijn meest realistische werk, en ook als zijn enige detectiveverhaal. Toen García Márquez in een beroemd interview met Santiago Gamboa werd gevraagd waarom hij nooit een misdaadroman had geschreven, antwoordde hij dat *Kroniek van een aangekondigde dood* er een was.

## Een detective verhaal?

In het licht van García Márquez' verklaring kunnen we zeggen dat *Kroniek van een aangekondigde dood* tot op zekere hoogte alle elementen van een detectiveverhaal heeft:

- een mysterie (de moord op Santiago Nasar);
- een crimineel (in dit geval twee criminelen, namelijk de gebroeders Vicario);
- een detective (de verteller, die grondige interviews afneemt, verschillende bronnen gebruikt om te onderzoeken en probeert te reconstrueren wat er is gebeurd).

De novelle roept echter de vraag op wie werkelijk schuldig is: hoewel de gebroeders Vicario ontegenzeggelijk de moord hebben gepleegd, zijn zij aantoonbaar niet echt schuldig. Gedurende de hele tekst krijgen we de indruk dat zij het slachtoffer zijn van iets dat groter is dan zijzelf, aangezien zij Santiago niet willen vermoorden, maar zich gedwongen voelen de moord door te zetten. Verder wordt geïmpliceerd dat alle getuigen (in wezen iedereen in de stad) op hun eigen manier schuldig zijn, omdat ze wisten dat de moord zou plaatsvinden maar niets deden om hem te stoppen. Ten slotte, en dat is misschien wel het belangrijkste, wordt het centrale mysterie van het verhaal nooit opgelost: we weten vanaf het begin wie Santiago Nasar heeft vermoord, maar we komen er nooit achter wie Ángela Vicario heeft ontmaagd en we komen er ook niet achter of Santiago en Ángela al dan niet met elkaar naar bed zijn geweest.

Ondanks de titel van het boek en het commentaar van de auteur, is *Kroniek van een aangekondigde dood* niet louter een kroniek of een detectiveverhaal. Het zet de lezer aan tot nadenken over de waarheid en de moeilijkheid om die te achterhalen, en ook over de journalistiek en haar streven om de waarheid te onthullen, wat vaak een uiterst moeilijke, zo niet onmogelijke taak is. Daarnaast gaat het over literatuur en de reikwijdte van fictie:

> "Crónica" is *gewoon een "roman", maar geen "eenvoudige" roman. Want deze bedrieglijk eenvoudige "fictie", losjes gebaseerd op een werkelijke gebeurtenis, is, zoals ik zal betogen, een "metafictie", een zelfbewuste roman die zijn titel gebruikt om de lezer van meet af aan te plagen en uit te dagen een onderzoekend proces van tekstuele reconstructie aan te gaan, analoog aan dat van de diegetische kroniekschrijver." (Olivares, 1987: 484)*

*Kroniek van een aangekondigde dood* kan daarom worden omschreven als een journalistieke of pseudo-journalistieke novelle, aangezien het elementen uit de journalistiek gebruikt, namelijk echte feiten, om een fictief verhaal te construeren dat de grenzen tussen de verschillende genres doet vervagen. Het kan misschien het best worden omschreven als een fictief verhaal dat elementen en technieken uit de journalistiek leent.

## Structuur

De verteller begint met te vertellen dat Santiago gaat sterven, om vervolgens uit te leggen hoe deze situatie is ontstaan. Hoewel de novelle niet in hoofdstukken is ingedeeld, bestaat hij uit vijf gemakkelijk herkenbare delen.

- In het eerste deel maken we kennis met de hoofdpersoon van de novelle, Santiago Nasar, en wordt ons verteld over zijn leven.

- In het tweede deel worden Bayardo San Román en Ángela Vicario voorgesteld. We komen meer te weten over hun leven, hun familie, hoe ze elkaar ontmoetten, hun relatie, hun huwelijksfeest, Ángela's terugkeer naar huis en haar bekentenis dat Santiago Nasar haar ontmaagd heeft.

- Het derde deel beschrijft de broers Vicario, hun banen, de relatie tussen hen, hun besluit om Santiago te vermoorden en de manier waarop ze iedereen die ze tegenkwamen vertelden dat ze van plan waren hem te vermoorden.

- Het vierde deel gaat over de autopsie en de sfeer in de stad na de moord, omdat men vreesde dat de Arabische gemeenschap wraak zou nemen, maar dat is nooit gebeurd.

- Het vijfde deel tenslotte bevat een gedetailleerde beschrijving van de moord op Santiago. Het vertelt ons hoe de broers hem opjaagden, hem uiteindelijk vonden en hem herhaaldelijk neerstaken. Hij was niet op slag dood, maar strompelde zijn huis binnen met zijn inwendige organen eruit en zei dat de broers hem hadden vermoord.

Zoals we kunnen zien, is de structuur van de novelle cirkelvormig: hij begint en eindigt met de dood van Santiago, terwijl het middendeel alle gebeurtenissen en ongelukkige toevalligheden vertelt die tot de tragedie hebben geleid.

# THEMA'S

## Tragisch lot

Het theatergenre tragedie werd voor het eerst ontwikkeld in het oude Griekenland. Het wordt gekenmerkt door personages wier leven wordt beheerst door een onontkoombaar lot, dat meestal tot hun ondergang of dood leidt. Het bekendste en meest illustratieve voorbeeld van dit genre is *Oedipus Rex* van de Griekse tragische dichter Sophocles (495-406 v. Chr.), waarvan de hoofdpersoon "in een poging zijn lot te ontvluchten, zich halsoverkop op zijn lot stort" (*Encyclopaedia Britannica*). Hoewel sommige aspecten van de novelle niet voldoen aan de traditionele regels van het genre, wordt ons duidelijk getoond dat Santiago's dood onvermijdelijk is en dat hij, net als Oedipus, niets kan doen om aan zijn lot te ontsnappen. Ook al proberen meerdere mensen hem te waarschuwen, worden er briefjes verstuurd en is bijna iedereen in de stad op de hoogte van de plannen van de broers, toch sterft hij. Vanaf de allereerste regel van de novelle, die begint met "Op de dag dat ze hem gingen vermoorden", wordt de lezer duidelijk gemaakt dat dit zijn lot is. De personages lijken te worden gedreven door krachten buiten hun macht, en dit wordt herhaaldelijk geïmpliceerd in de loop van het verhaal. Zo verklaart de verteller een van zijn redenen om op onderzoek uit te gaan als volgt:

> "De hanen van de dageraad zouden ons betrappen terwijl we probeerden orde te scheppen in de keten van vele toevallige gebeurtenissen die absurditeit mogelijk hadden gemaakt, en het was duidelijk dat we dat niet deden uit een drang om mysteries op te helderen, maar omdat niemand van ons verder kon leven zonder een exacte kennis van de plaats en de missie die het lot ons had toegewezen."

Zoals we kunnen zien, schrijft de verteller zijn kroniek met het doel de rol van elke persoon in de gebeurtenissen van die noodlottige dag te begrijpen. Hij ontdekt echter dat, net als de oude goden die hun macht over de stervelingen uitoefenden, iedereen tot handelen wordt gedreven door krachten waarover hij geen controle heeft.

## Eer en wraak

Een ander centraal thema in de novelle is eer en de moeite die mensen doen om die te verdedigen. Dit was een populair thema tijdens de Spaanse Gouden Eeuw, een uiterst levendige en productieve periode voor kunst en literatuur die zich uitstrekte van het einde van de 15$^e$ tot het midden van de 17e eeuw. Volgens criticus Méndez Ramírez (1990) haalde García Márquez zijn inspiratie uit het 17$^e$-eeuwse Spaanse theater en gebruikte hij zijn novelle om de obsessie van het genre met eer te parodiëren. Dit thema werd waarschijnlijk voor het eerst in fictie verkend via het personage Don Juan in het toneelstuk *De Bedrieger van Sevilla en de Stenen Gast* (ca. 1630) van de Spaanse toneelschrijver Tirso de Molina (1579-1648), en werd later opgepakt door auteurs als Lope de Vega (Spaanse schrijver, 1562-1635) en bleef het publiek boeien.

De hoofdlijn van deze verhalen is steeds dezelfde: een rokkenjager verleidt een vrouw, bezoedelt haar eer door haar te ontmaagden en wordt vervolgens opgejaagd, want de verloren eer moet worden hersteld en de misdaad moet worden verzoend door middel van een straf die de dader tot voorbeeld strekt. Deze manier van denken wordt gedeeld door de gebroeders Vicario en de stad als geheel, want alle inwoners gebruiken deze redenering om hun passiviteit te rechtvaardigen en velen van hen houden zichzelf voor dat eer heilig is en niet mag worden aangetast. Bovendien zijn het niet alleen de inwoners van de stad die denken dat de verdediging van de eer een geldige reden is om te doden; deze overtuiging wordt door de wet ondersteund. Tijdens het proces tegen de broers Vicario "[stond] de advocaat achter de stelling van doodslag ter wettige verdediging van de eer, die door de rechtbank van goede wil werd bevestigd, en verklaarde de tweeling aan het eind van het proces dat ze het duizend keer opnieuw zouden hebben gedaan om dezelfde reden". Volgens deze gedachtegang moet de eer ten koste van alles worden bewaard, zelfs als dat betekent dat een ander het leven wordt ontnomen.

## Geweld

*Kroniek van een aangekondigde dood is* echter niet geschreven in de 17ᵉ eeuw, maar in de late 20ᵉ eeuw, toen het idee om geschillen over eer op deze manier op te lossen in het beste geval absurd en in het slechtste geval barbaars leek. Afgezien van het feit dat dit soort misdrijven nog steeds kan voorkomen in een afgelegen Colombiaans kustplaatsje (in tegenstelling tot het meeste van zijn werk is deze novelle geen magisch-realistisch verhaal), is het werk van García Márquez een parodie: hij overdrijft en bespot deze verouderde morele codes en de mensen die ze in stand houden, om aan te tonen hoe belachelijk ze zijn en hoe absurd het is dat elementen van de Spaanse koloniale mentaliteit in de 20ᵉ eeuw nog steeds bestaan. Door dit geloofssysteem tot het logische uiterste door te trekken, bekritiseert hij het geweld van de Colombiaanse samenleving en onderzoekt hij de blijvende impact van het kolonialisme.

Deze fixatie op eer is onlosmakelijk verbonden met de patriarchale samenleving die gelooft dat vrouwen het bezit van mannen zijn en dat geweld de enige manier is om problemen op te lossen. *Kroniek van een aangekondigde dood* becommentarieert en bekritiseert ook deze waarden, die bijna nooit een rationele basis hebben, maar die onze maatschappij blijven doordringen. In het licht hiervan is het belangrijk te bespreken wat er met Ángela Vicario gebeurt. Na de moord verhuist haar familie naar een andere stad, en wanneer de verteller haar vele jaren later weer ontmoet, is ze veranderd: ze is veel zelfverzekerder, lijkt haar verleden te hebben verwerkt en het niet langer als een last te zien, en is in staat haar verhaal rustig te vertellen. Bovendien heeft ze kort na het debacle van hun huwelijksnacht ingezien dat ze van Bayardo San Román hield en heeft ze jarenlang brieven geschreven waarin ze hem smeekte haar terug te nemen. García Márquez voegt zo meer complexiteit en nuance toe aan het thema eer, en moderniseert dit eeuwenoude concept om het relevant te maken voor de hedendaagse Colombiaanse samenleving.

## De zoektocht naar de waarheid

De zoektocht naar de waarheid omvat alle andere thema's, en het mysterie in het hart van de novelle wordt nooit opgelost. Ondanks de pogingen van de verteller om het verhaal te begrijpen – hij speurt de kust af op zoek naar mensen die betrokken waren bij de gebeurtenissen van die dag, leest officiële documenten en rapporten, spreekt Ángela jaren later en vraagt haar rechtstreeks – komen we er nooit achter of zij en Santiago al dan niet met elkaar naar bed zijn geweest.

Gezien de moeilijkheid om deze zogenaamde kroniek te classificeren, de dubbelzinnigheid rond het genre en de spelletjes die de schrijver met zijn lezers speelt, zou men kunnen zeggen dat het een meditatie over en een kritiek op ons vermogen om de waarheid te ontdekken is. Bovendien zet het ons ertoe aan ons af te vragen of de absolute waarheid werkelijk bestaat en of onze schijnbaar objectieve middelen om die te achterhalen (zoals de journalistiek) eigenlijk andere vormen van fictie zijn of andere manieren om te proberen de wereld en de dingen die daarin gebeuren te begrijpen. Eén ding is duidelijk: ondanks de poging van het verhaal om licht op de feiten te werpen en zijn hoofdpersonen wat gemoedsrust te geven, slaagt het daar niet in. Het enige wat we kunnen doen is accepteren dat de wereld vol toevalligheden en toeval zit, en dat we soms gewoon niet alles kunnen verklaren.

# VERDERE REFLECTIE

## ENKELE VRAGEN OM OVER NA TE DENKEN...

- Hoe legt de novelle in de loop van het verhaal verbanden tussen literatuur en journalistiek?

- Hoe vermengt het verhaal verschillende tijdsperioden? Wat is het doel van deze niet-lineaire tijdlijn?

- Hoe beïnvloedt de echte gebeurtenis, die in 1951 in Sucre plaatsvond, deze kroniek, die 30 jaar later werd geschreven?

- Wat kan *Kroniek van een aangekondigde dood* ons vertellen over de Colombiaanse samenleving, en meer bepaald de samenleving van de kustregio? Welke realiteit weerspiegelt het?

- In de familie Vicario worden de meisjes opgevoed tot goede echtgenotes en de jongens tot "mannen". Bespreek het portret van de mannelijke en vrouwelijke personages in de novelle. Wat zijn de belangrijkste verschillen tussen hen, en welk effect heeft dit op het leven in de stad?

- Denk je dat *Kroniek van een aangekondigde dood kan worden beschouwd* als een feministisch werk? Leg je antwoord uit.

- De lezer weet vanaf het begin hoe het verhaal zal eindigen, en toch blijven ze lezen. Waarom denk je dat dit zo is? Welke technieken gebruikt García Márquez?

- Kun je als lezer de verteller vertrouwen, aangezien hij bevriend was met Santiago en niet geloofde dat hij met Ángela naar bed was geweest?

- Namen als Ángela (gekoppeld aan "engel") en Vicario (van het Spaanse woord voor kapelaan of kerkelijke rechter) lijken niet willekeurig te zijn gekozen. Wat is volgens u de betekenis van deze keuzes? Kun je nog meer voorbeelden vinden van betekenisvolle namen?

# VERDER LEZEN

## REFERENTIE-UITGAVE

García Márquez, G. (2014) *Kroniek van een aangekondigde dood*. Trans. Rabassa, G. Londen: Penguin.

## REFERENTIESTUDIES

Gamboa, S (1981) *Proloog bij* Crónica de una muerte anunciada *van Gabriel García Márquez.* Madrid: Biblioteca El Mundo.

Méndez Ramírez, H. (1990) La reinterpretazione paródica del código de honor in *Crónica de una muerte anunciada. Hispania.* 73(4).

Olivares, J. (1987) García Márquez' *"Crónica de una muerte anunciada"* als metafictie. *Hedendaagse Literatuur.* 28(4), pp. 483-492.

## AANBEVOLEN LECTUUR

Martin, G. (2012) *The Cambridge Introduction to Gabriel García Márquez.* Cambridge: Cambridge University Press. Hoofdstuk 6.

Swanson, P. ed. (2010) *The Cambridge Companion to Gabriel García Márquez.* Cambridge: Cambridge University Press.

*We horen graag van jou! Laat*
*een reactie achter op jouw online bibliotheek*
*en deel je favoriete boeken op social media!*

## Waarom kiezen voor Must Read?

Kom alles te weten over een boek met onze beknopte en diepgaande samenvattingen en analyses!

Ontdek het beste uit de literatuur in een compleet nieuw licht!